Timo Arntz

Data Warehouse - Anforderungen an ein Unternehmen

Definition, Aufbau und Vorteile des Data Warehouse-Systems

Timo Arntz

Data Warehouse - Anforderungen an ein Unternehmen

Definition, Aufbau und Vorteile des Data Warehouse-Systems

GRIN Verlag

Bibliografische Information der Deutschen Nationalbibliothek: Die Deutsche Bibliothek
verzeichnet diese Publikation in der Deutschen Nationalbibliografie; detaillierte bibliografische Daten sind im Internet über http://dnb.d-nb.de/ abrufbar.

1. Auflage 2005
Copyright © 2005 GRIN Verlag
http://www.grin.com/
Druck und Bindung: Books on Demand GmbH, Norderstedt Germany
ISBN 978-3-638-65516-3

Hausarbeit

Thema: **Data Warehouse - Anforderungen an ein Unternehmen**

Studiengang: Betriebswirtschaftslehre

Prüfer:

Name: Arntz, Timo

Datum: 15. April 2005

Inhaltsverzeichnis

Abbildungsverzeichnis

Abkürzungsverzeichnis

AE	Automotive Electronics
BW	Business (Information) Warehouse
CO-PA	Controlling-Profit Accounting
CO-PC	Controlling-Product Calculation
DWH	Data Warehouse
ETL	Extraktion-Transformation-Lade
HOLAP	hybrid On-Line Analytical Processing
MOLAP	multidimensional On-Line Analytical Processing
OLAP	On-Line Analytical Processing
OLTP	On-Line transactional processing
PHEK	Planherstellkosten
PKOSA	Produktkostensammler
ROLAP	relational On-Line Analytical Processing
TC	Transaction Code
TTNR	Typteilenummer

1. Einleitung

Unter Terabytes von Datenmüll vergraben, verstreut über verschiedene Systeme eines Unternehmens vergammeln wertvolle Informationen.

Der Produktmanager ist verzweifelt. In zwei Tagen muss er seinen Chefs die Absatzentwicklung des von ihm betreuten Fruchtquarks präsentieren. Doch ihm fehlen die Zahlen der letzten sechs Monate! Aus dem Vertrieb hat er nur vage gehört, dass der Umsatz im Osten eingebrochen sei. Wie soll er das nur erklären?

Der EDV-Bearbeiter hat auf seine Anfragen nur abgewunken: ‚Den Bericht können Sie frühestens in zwei Wochen haben'. Blieb wieder nur eine ungenaue Hochrechnung aus den alten Zahlen. Doch dass sich diese bewahrheitet, war von vornherein wenig wahrscheinlich - schließlich hat der Erzrivale zwei neue Konkurrenzprodukte herausgebracht.

Was sich anhört wie eine Erzählung aus den Urzeiten der Informationstechnik, ist in vielen Unternehmen immer noch bittere Realität. Mitarbeiter kommen an essentielle Informationen überhaupt nicht, nicht rechtzeitig oder nur unvollständig heran. Dabei sind sie im Unternehmen - zumindest grundsätzlich - vorhanden: Während der Fertigung entstehen laufend Produktionsdaten, die Marketingabteilung analysiert Zielgruppen, und beim Verkauf fallen Absatzinformationen an.

Für die beim täglichen Betrieb entstehenden Informationen ergeben sich auch neue Verwendungsweisen, wenn sie entsprechend verdichtet und angereichert werden. Integriert und regelmäßig auf den neuesten Stand gebracht, bilden diese Informationen ein Kundenprofil, aus dem sich gezielte Werbemaßnahmen ableiten lassen.

Data Warehouse, Data Mart, Information Warehouse, Data Mining, OLAP, ROLAP, MOLAP – allesamt sind Modeworte, die zu den Lieblingsthemen der Marktforscher gehören. „Data Warehouse hat als Beratungsprodukt den Aufstieg in die erste Liga des Consulting geschafft und gehört zu den Pflichtthemen der EDV-Abteilungsleiter."[1] Es ist sogar zu einem Kapitel in der Wirtschaftsinformatik-Vorlesung der Hochschulen avanciert. Wenn sich so viele Parteien einig sind, dann liegt dies entweder an der Suggestivkraft der Begriffe oder es liegt an der tatsächlichen Leistungsfähigkeit der dahinter stehenden Konzepte und Produkte.[2]

Das Data Warehouse wird von den Herstellern häufig heruntergespielt nach dem Motto: Kaufen Sie meinen OLAP-Server, meine Consultants bauen ihren Multiwürfel in zwei Wochen

---

[1]   Höhn, Reinhard: Der Data Warehouse Spezialist. Entwurf, Methoden und Umsetzung eines Data Warehouses. München 2000, S. 11
[2]   Vgl. Höhn, Reinhard: Der Data Warehouse Spezialist. Entwurf, Methoden und Umsetzung eines Data Warehouses. München 2000, S. 11

auf und Sie haben ein unternehmensweites Data Warehouse. Ein Data Warehouse ist jedoch kein Produkt, das schnell über den Ladentisch geht, sondern ein höchst komplexes Vorhaben. Diese Vorhaben umfasst unter anderem

- ➢ die Beschaffung von Softwareprodukten
- ➢ die Beschaffung neuer Hardware
- ➢ die Eigenentwicklung von Software
- ➢ das Customizing von Softwarekomponenten
- ➢ die Anwendung von Methoden der Systemanalyse
- ➢ Anpassungen der Organisationsstruktur (zum Beispiel wird eine Reihe neuer Spezialisten und eine Stelle namens Data Warehouse-Spezialist nötig)

und sogar Änderungen in der Geisteshaltung konventioneller EDV.[3]

„Das Data Warehouse-Konzept hat sich nicht als ‚Alter Wein in neuen Schläuchen', sondern vielmehr als ein realisierbarer und effizienter Ansatz zur Verbesserung der unternehmensweiten Informationsversorgung herausgestellt."[4] Bezeichnend für die Entwicklung der vergangenen Jahre ist die Tatsache, dass das Data Warehouse-Konzept inzwischen immer mehr in den Fachabteilungen Beachtung findet, wo es als ein wesentlicher Lösungsansatz zu bisher überhaupt nicht respektive nur unzureichend bearbeiteten Problemstellungen beiträgt.[5]

In dieser Hausarbeit möchte ich aufzeigen, was unter dem Begriff Data Warehouse und Data Warehouse-System zu verstehen ist, wie eine mögliche Architektur aussehen kann, welche Vorteile ein integriertes Data Warehouse-System bietet, welche Lösungen bisher bekannt sind und wie sich das Data Warehouse in der Fachabteilung CTG3 (Wirtschaftlichkeit und Rechnungswesen) der Robert Bosch Elektronik GmbH in Salzgitter als entscheidungsunterstützendes Hilfsmittel anbietet.

3   Vgl. Höhn, Reinhard: Der Data Warehouse Spezialist. Entwurf, Methoden und Umsetzung eines Data Warehouses. München 2000, S. 11
4   Muksch, H./ Behme, W. (Hrsg.): Das Data Warehouse-Konzept. Architektur – Datenmodelle – Anwendungen. 4. Auflage. Wiesbaden 2000, S. V
5   Vgl. Muksch, H./ Behme, W. (Hrsg.): Das Data Warehouse-Konzept. Architektur – Datenmodelle – Anwendungen. 4. Auflage. Wiesbaden 2000, S. V

2. Data Warehouse-System

Zentrale Begrifflichkeiten der vorliegenden Arbeit sind in der Literatur und im allgemeinen Sprachgebrauch häufig mit den unterschiedlichsten Bedeutungen belegt. Um Missverständnisse und Fehlinterpretationen zu vermeiden, werden die Begriffe Data Warehouse, System und Data Warehouse-System im Detail berücksichtigt. Im folgenden werde ich den Begriff Data Warehouse mit DWH abkürzen.

2.1. Definition Data Warehouse

Das Konzept eines unternehmensweiten Datenpools wurde erstmals Anfang der 80er Jahre unter den Schlagworten Data Supermarket und Super Databases erwähnt. 1988 stellte die Firma IBM ein internes Projekt unter der Bezeichnung European Business Information System (EBIS) vor, dass 1991 in Information Warehouse Strategy umbenannt wurde.[6] Das in diesem Projekt entwickelte Konzept beinhaltet Produkte, Mechanismen und Vorgehensweisen zur Überwindung der Heterogenität und Bewältigung der Informationsexplosion. Als Ziel der Information Warehouse Strategy wird die Versorgung autorisierter Einzelpersonen mit zuverlässigen, zeitrichtigen, genauen und verständlichen Geschäftsinformationen aus allen Unternehmensbereichen zum Zwecke der Entscheidungsunterstützung genannt.[7] Damit sollte der Zugang zu unterschiedlichen Systemen über eine einheitliche Schnittstelle möglich sein.

Anfang der 90er Jahre wurde das IBM-Projekt EBIS als DWH-Konzept von verschiedenen Hardwareherstellern sowie Software- und Beratungshäusern aufgegriffen und als Dienstleistungspaket auf einem stark expandierenden Markt angeboten. „Wesentlich mit dazu beigetragen hat sicherlich die von F.E. Codd et al. (mit der Vorstellung ihrer 12 Regeln zum On-Line Analytical Processing (OLAP)) ins Leben gerufene Diskussion bezüglich der Schwächen relationaler Datenbanksysteme bei der Durchführung multidimensionaler betriebswirtschaftlicher Analysen."[8] Aufgrund unterschiedlicher Voraussetzungen ist unter einem DWH daher keine umfassende Standard-Software, sondern stets eine unternehmensindividuelle Lösung zu verstehen.

Die bekannten Definitionen zum DWH unterscheiden sich vor allem im generellen Zweck eines DWH, im Umfang und Umgang der Daten im DWH.

---

6   Vgl. Muksch, H./ Behme, W. (Hrsg.): Das Data Warehouse-Konzept. Architektur – Datenmodelle – Anwendungen. 4. Auflage. Wiesbaden 2000, S. 5 f.

7   Vgl. ebenda, S. 5f.

8   ebenda, S 5.

Das Spektrum der Definitionen beginnt mit der restriktiven Sicht von Inmon:

„Ein Data Warehouse ist eine themenorientierte, integrierte, historisierte, nicht flüchtige (d. h.

dauerhafte) Sammlung von Daten, um Manager bei Entscheidungsprozessen zu unterstützen."[9]

Folgende Definition von Bauer und Günzel ist weniger restriktiv, ist aber auf einen speziellen

Zweck, die Analysefunktion, ausgerichtet:

„Ein Data Warehouse ist eine physische Datenbank, die eine integrierte Sicht auf (beliebige)

Daten darstellt, um Analysen zu ermöglichen."[10]

Das Spektrum der Definitionen endet bei der Definition von Zeh, die ohne Restriktionen an

Umfang und Umgang der Daten sowie ohne Zweckbestimmung ist:

„Ein Data Warehouse ist ein physischer Datenbestand, der eine integrierte Sicht auf die

zugrundeliegenden Datenquellen ermöglicht."[11]

Zusammenfassend kann man also sagen:

Data Warehouse (deutsch *Datenlager*) ist ein Datenbestand – meist eine Datenbank – dessen
Inhalt durch Kopieren und Aufbereiten von Daten aus unterschiedlichen Quellen entsteht. Das
DWH ist die zentrale Komponente eines DWH-Systems, in dem Daten aus den (betriebs)
internen und -externen Datenquellen extrahiert werden, in Transformationsprogrammen
bereinigt und strukturell vereinheitlicht werden, um danach in das DWH geladen zu werden.
Dieser   Extraktion-Transformation-Lade-Prozess   (ETL-Prozess)   kann   turnusgemäß
durchgeführt werden, so dass im DWH nicht nur Daten nach inhaltlichen Aspekten sondern
auch nach dem Aspekt Zeit gehalten werden können.

2.2. Definition System

Jedes System besteht aus Elementen (Komponenten, Subsystemen), die untereinander in
Beziehung stehen. Meist bedeuten diese Relationen ein wechselseitiges Beeinflussen - aus der
Beziehung wird ein Zusammenhang. Ein System in diesem Sinn lässt sich durch die Definition
zweckmäßiger Systemgrenzen von seiner Umwelt (den übrigen Systemen) weitgehend
abgrenzen, um es modellhaft isoliert betrachten zu können.[12]

---

9 Wikipedia (Hrsg.): Die freie Enzyklopädie. Data Warehouse. 2005 verfügbar unter:
   http://de.wikipedia.org/wiki/Data_Warehouse, Stand 18.03.2005
10 ebenda, Stand 18.03.2005
11 ebenda, Stand 18.03.2005
12 Vgl. ebenda, Stand 18.03.2005

Bei Systemen unterscheidet man die Makro- und die Mikroebene: Auf der Makroebene befindet sich das System als Ganzes. Auf der Mikroebene befinden sich die Systemelemente.[13] Strukturierung, Eigenschaften und Wechselwirkungen der Elemente auf der Mikroebene bestimmen die Eigenschaften des Gesamtsystems auf der Makroebene. Diese von der Mikroebene bestimmten Eigenschaften des Gesamtsystems bilden zugleich strukturelle Rahmenbedingungen, die steuernd auf die Elemente der Mikroebene einwirken.

Die Beziehungen (Relationen) zwischen den Elementen der Mikroebene sind Wirkungen von Austauschprozessen, wie zum Beispiel Stoff-, Energie- oder Informationsflüssen.

Das System selbst ist wiederum Teil eines Ensembles von Systemen und bestimmt mit ihnen die Eigenschaften eines übergeordneten Systems.[14]

2.3. Definition Data Warehouse-System

Ein DWH-System ist ein Informationssystem, das aus allen für den DWH-Prozess (engl. data warehousing) notwendigen Komponenten besteht. Dies sind mindestens der Datenbeschaffungsbereich (engl. staging area), in dem die aus den Datenquellen extrahierten Daten zusammengeführt und gegebenenfalls bereinigt und transformiert werden, und die zentrale DWH-Datenbank, das eigentliche DWH. Idealtypisch sind weitere Komponenten die für die Bereitstellung von bereichs- oder auswertungsspezifischen Sichten notwendigen Data-Marts und das Repositorium, der Speicher für die Metadaten sowie der DWH-Manager zur Ablaufsteuerung. Die DWH-Datenbank wird aus den unterschiedlichsten inner- und außerbetrieblichen Datenquellen gespeist. Auf Basis dieses integrierten Datenbestandes werden übergreifende Auswertungen möglich, die meist in den Data-Marts durchgeführt werden.

---

[13] Vgl. Wikipedia (Hrsg.): Die freie Enzyklopädie. Definition System. 2005 verfügbar unter: http://de.wikipedia.org/wiki/System#Bedeutungen_des_Wortes_.22System.22, Stand 19.03.2005

[14] Vgl. ebenda, Stand 19.03.2005

3. Architektur eines Data Warehouse-Systems

Eine DWH-System-Architektur besteht aus drei Schichten. Die erste Schicht ist die Transformations-/Extraktionsschicht. Hierbei werden Datenbestände aus verschiedenen (i.d.R. heterogenen) operativen Systemen in ein einheitliches DWH-Schema überführt. Scheduler[15] sorgen für eine periodische Aktualisierung der DWH-Datenbestände aus den operativen Systemen. Die zweite Schicht heißt Applikationsschicht oder auch OLAP-Schicht. Darunter versteht man das entgegennehmen von Anfragen und die Berechnung entsprechender Ergebnisse in Form multidimensionaler Datenwürfel. Die dritte Schicht letztendlich ist die Präsentationsschicht (Analyse-Schicht). Hier wird eine Möglichkeit zur Formulierung von Anfragen gestellt. Die Ergebnisse der Anfrage werden geeignet visualisiert.[16]

In der folgenden Abbildung stelle ich eine mögliche Referenz-Architektur für ein DWH-System dar:

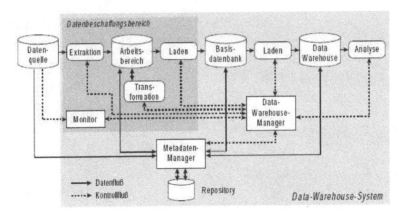

Abbildung 1: Data Warehouse-System[17]

---

15 Bei dem EDV-Begriff Scheduler handelt es sich um ein Hilfsprogramm, das ein Anwendungsprogramm zu einem frei wählbaren Zeitpunkt startet, ohne dass der Anwender anwesend sein muss. Damit ist es zum Beispiel möglich, ein Backup in der Nacht durchzuführen. Scheduler wird in seltenen Fällen auch als Synonym für Terminplaner verwendet

16 Vgl. Schmidt-Thieme, Lars: Datenbanken / Data Warehousing. Seite 2, verfügbar unter: http://www.informatik.uni-freiburg.de/cgnm/lehre/eb-03s/eb9.pdf, Stand 04.04.2005

17 Sattler, Kai-Uwe, Conrad, Steffan: Vorlesung Data-Warehouse-Technologien. Folie 4, verfügbar unter: http://wwwiti.cs.uni-magdeburg.de/iti_db/lehre/dw/dw02.pdf, Stand 24.03.2005

Neben der Architektur wird das DWH-System wesentlich durch Prozesse beschrieben. Diese Prozesse stellen die eigentlichen Aufgaben dar, die eine DWH-Umgebung zu erfüllen hat. Folgerichtig stehen sie im Zentrum des Interesses, sobald die Grobarchitektur festgelegt ist.[18] Eine mögliche sinnvolle Gliederung der Prozesse ergibt folgende Hauptprozesse mit Unterprozessen:[19]

- ➢ Nutzung
    - Reporting
    - OLAP
    - Data Mining
    - Informationsverteilung
- ➢ Betrieb
    - Infrastruktur
    - Service
    - Datenversorgung
    - Datenverteilung
    - Archivierung
    - Data Warehouse-Management
- ➢ Entwicklung/Weiterentwicklung
    - Architektur
    - Datenbasis/Datenquellen
    - Data Marts
- ➢ Metadatenmanagement
- ➢ Management

Auf Grund der Komplexität des Themas werde ich nachfolgend nur einige ausgewählte Prozesse näher erörtern.

3.1. Nutzung

Unter Nutzung versteht man jeglichen Zugriff auf Informationen im Data Warehouse durch den Endbenutzer. Dies kann z.B. die unmittelbare Analyse von Informationen durch Endanwender

---

[18] Vgl. Wieken, J.-H.: Der Weg zum Data-Warehouse. München 1999, S. 31
[19] Vgl. ebenda, S. 31f.

sein, aber auch die mittelbare Nutzung von Informationen durch andere Systeme.[20] Diese mittelbare Nutzung kann durch Statistiksysteme, Reportingsysteme und Tabellenkalkulationen erfolgen. Im Grunde handelt es sich hierbei um eine Verteilung der Informationen. In dem Bereich Verteilung von Informationen sind außerdem eventuell Systeme anderer Unternehmensbereiche oder verbundener Unternehmen einzuordnen, mit denen eine entsprechende Nutzungsvereinbarung besteht.

OLAP:

Operative Datenbanken sind transaktionsbasiert, d.h. optimiert auf Veränderungen kleiner Datenbestände (Online transactional processing (OLTP)). Ein Data Warehouse hingegen wird nur lesend zu Analysezwecken benutzt, muss also optimiert sein auf geeignete Abfragen und Aggregierungen (Online analytical processing (OLAP)).[21]

Die charakteristische Betrachtung von Informationen in OLAP-Systemen ist die Analyse fachlicher Variablen und Kennzahlen unter verschiedenen Analyseblickwinkeln. Diese Unterscheidung zwischen Kennzahlen (oder Analysevariablen) einerseits und Analysekriterien (Dimensionen) andererseits ist die Grundlage jeglicher Analyse. Eine Dimension beschreibt ein Kriterium, das für die Analyse von Kennzahlen relevant ist. Die wahrscheinlich häufigste Dimension ist die ,Zeit' im weitesten Sinne. OLAP strukturiert Daten auf hierarchische Weise und erlaubt in der Regel sowohl Einzel- als auch Trendanalysen sowie die Zusammenfassung und Rotation von Daten für Vergleichsberechnungen. OLAP beschreibt auch eine Kategorie von Werkzeugen, die aus dem Datenbestand eines Unternehmens geschäftsrelevante mehrdimensionale Datenverknüpfungen extrahieren und deren Analyse aus mehreren Blickwinkeln ermöglichen.

Dazu verwendet man multidimensionale Datenwürfel (sogenannte Cubes).[22]

F.E. Codd hat 1993 zwölf Kennzeichen von OLAP-Systemen aufgestellt. Ich werde jedoch auf den Anforderungskatalog von Pendese und Greeth von 1995 eingehen, da dieser komprimierter ist. Durch diesen Anforderungskatalog wird OLAP wie folgt definiert.

> ➢ fast: Echtzeitverhalten, demnach sollen Standardberichte innerhalb von 1-2 Sekunden dem Endbenutzer zugänglich sein und komplexere Berichte nicht mehr als 20 Sekunden dauern.

---

20 Vgl. Wieken, J.-H.: Der Weg zum Data-Warehouse. München 1999, S. 31

21 Vgl. Schmidt-Thieme, Lars: Datenbanken / Data Warehousing. Seite 8, verfügbar unter: http://www.informatik.uni-freiburg.de/cgnm/lehre/eb-03s/eb9.pdf, Stand 04.04.2005

22 Vgl. Microsoft (Hrsg.): Windows Server System. OLTP & OLAP - was ist es? verfügbar unter: http://www.microsoft.com/austria/windowsserversystem/datenverwaltung_oltp.mspx, Stand 04.04.2005

> analysis: Alle Analysefunktionen sollen ohne Programmieraufwand
>   ausführbar sein

> shared: OLAP sollte mehrbenutzerfähig sein

> multidimensional: Eine semantisch multidimensionale Modellierung und   freie
>   Bewegungsmöglichkeit des Nutzers sollten ein   OLAP-
>   Modell ermöglichen.

> Information: Es soll keine (technische) Beschränkung des Datenvolumens
>   geben, d.h. dem Anwender stehen sämtliche Daten zur
>   Verfügung.[23]

Bei OLAP-Architekturen wird zudem noch nach der Art der Implementierung des DWH unterschieden. Demnach gibt es drei Haupt-Architekturen. Die Erste ist die sogenannte Relational OLAP (ROLAP), welches die Verwendung einer gewöhnlichen relationalen Datenbank voraussetzt. Die zweite Haupt-Architektur ist die Multidimensional   OLAP (MOLAP), welches die Verwendung einer (meist proprietären) multidimensionalen Datenbank unterstellt. Als drittes gibt es noch eine Mischform zwischen ROLAP und MOLAP. Diese nennt sich Hybrid OLAP (HOLAP), wobei eine relationale Datenbank zur Speicherung historischer Detaildaten und eine multidimensionale Datenbank zur Speicherung aggregierter Daten verwendet wird.[24]

Data Mining:

Unter Data Mining versteht man das systematische (in der Regel automatisierte oder halbautomatische) Entdecken und Extrahieren unbekannter Informationen aus großen Mengen von Daten mit Hilfe statistischer Daten. Der Data-Mining-Prozess umfasst somit, ausgehend von der Datenselektion, alle Aktivitäten, die zur Kommunikation von in Datenbeständen entdeckten Mustern notwendig sind. Hukemann unterteilt diesen Prozess in Anlehnung an Fayyad, Piatetsky-Shapiro und Smyth in die Phasen: Aufgabendefinition, Selektion und Extraktion, Vorbereitung und Transformation, Mustererkennung, Evaluation und Präsentation.[25]

Bei normalen Auswertungen von Datenbeständen (z. B. durch OLAP) können bestimmte, vorher festgelegte Fragestellungen bearbeitet werden. Zum Beispiel: Wie viele meiner Kunden sind zwischen 20 und 40 Jahre alt und leben in München. Beim Data-Mining werden die

---

23 Vgl. Schmidt-Thieme, Lars: Datenbanken / Data Warehousing. Seite 9, verfügbar unter: http://www.informatik.uni-freiburg.de/cgnm/lehre/eb-03s/eb9.pdf, Stand 04.04.2005

24 Vgl. ebenda, S. 10, Stand 04.04.2005

25 Vgl. Wikipedia (Hrsg.): Die freie Enzyklopädie. Definition data mining. 2005 verfügbar unter: http://de.wikipedia.org/wiki/Data_Mining, Stand 04.04.2005

Datenbestände nach Regelmäßigkeiten, Mustern und Strukturen, Abweichungen und jeglicher Art von Beziehungen und gegenseitigen Beeinflussungen untersucht. Der Prozess der Mustererkennung und Wissensextraktion wird auch 'Knowledge Discovery in Databases' genannt. Im Data-Mining, als einem kreativen Prozess, werden im Arbeitsfortschritt Hypothesen entwickelt und überprüft.[26]

3.2. Betrieb

Der Prozess der Nutzung stellt den eigentlichen Wert des Data Warehouse für das Unternehmen dar. Der zweite wesentliche Hauptprozess, sozusagen das Pendant zur Nutzung, ist der Betrieb des DWH. Dieser umfasst alle Tätigkeiten, die notwendig sind, um ein DWH in einem vordefinierten Funktions- und Datenstrukturumfang produktiv zu betreiben. Hierzu gehören beispielsweise die Sicherstellung der technischen Verfügbarkeit, die Fehlersuche und –bereinigung, die permanente Versorgung mit aktuellen Daten, die laufende Qualitätssicherung der angebotenen Daten, Auskünfte über verfügbare Informationen, Einrichtung neuer Benutzer oder Veränderung von Benutzerrechten.

Die Daten in der geforderten Struktur, Aktualität und Qualität bereitzustellen, ist der eigentliche Betriebsprozess eines DWH. „Diese Aufgabe kann in der Praxis bis zu 70% des Aufwands für eine Data Warehouse-Umgebung ausmachen."[27] Sie ist ein Prozess, der normalerweise im Bereich der Informatik, also der EDV, nicht in der Fachabteilung angesiedelt ist.

Die wesentlichen Funktionen, die diesen Prozess ausmachen, sind:

- ➢ Entladen der Daten aus den operativen Systemen (Extraktion)
- ➢ Transformation der Daten aus den operativen Datenstrukturen in die DWH-Strukturen
- ➢ Laden der Daten in das DWH.[28]

[26] Vgl. Wikipedia (Hrsg.): Die freie Enzyklopädie. Definition data mining. 2005 verfügbar unter: http://de.wikipedia.org/wiki/Data_Mining, Stand 04.04.2005
[27] Wieken, J.-H.: Der Weg zum Data-Warehouse. München 1999, S. 189 und Ordix AG (Hrsg.): ETL: Der schnelle Weg zum Data Warehouse. 2003 verfügbar unter: http://www.ordix.de/onews2/2_2003/siteengine/artikel/sundd_1.html, Stand 05.04.2005
[28] Vgl. ebenda, S. 189

Hinzukommen zwei begleitende Funktionen für den Betrieb des Data Warehouse:

➢ Datenbereinigung (Data Cleansing)

➢ Archivierung.[29]

Diese fünf Funktionen sind zumindest für einen geregelten Betrieb des Back-End eines Data Warehouse notwendig. Die ersten drei Funktionen findet man häufig in Werkzeugen zusammengefasst; es wird dann auch von Transformationswerkzeugen oder besser ETL-Werkzeugen (Extraktion, Transformation, Laden) gesprochen. Wesentlich ist, dass diese Daten heute praktisch durchgängig über eine Metadatenverwaltung gesteuert werden. Im Folgenden werde ich diesen ETL-Prozess näher erläutern.

Extraktion:

Die Datenextraktion beschreibt das Entladen der für den Transport in das Data Warehouse vorgesehenen Daten. Je nach physischer Speicherung gibt es eine Reihe verschiedener Zugriffsmöglichkeiten. Grundsätzlich ist nach Menge und Häufigkeit zu unterscheiden zwischen:

➢ Periodisch komplettem Abzug der Daten

➢ Periodischem Abzug der geänderten Daten (Delta)

➢ Protokollierung aller Änderungen.[30]

Beim periodisch kompletten Abzug aller Daten werden die relevanten Felder regelmäßig komplett entladen und für die Transformation in das Data Warehouse bereitgestellt. Dieser stellt die, von der Realisierung her gesehen einfachste, vom Datenvolumen her im allgemeinen aufwendigste, Lösung dar.

Eine deutliche Reduzierung des Datenvolumens kann häufig durch die Beschränkung des Abzugs auf die geänderten Daten erreicht werden. Dieses sogenannte Delta – der Unterschied zwischen dem Stand zum Zeitpunkt des letzten Abzugs und dem Zeitpunkt des jetzigen Abzugs – muss dafür allerdings zunächst ermittelt werden.

Transformation:

Die zweite Funktion ist die Transformation der operativen Datenstrukturen in die Datenstrukturen des DWH. Dabei werden ein oder mehrere Felder des operativen Systems in ein oder mehrere Felder des DWH transformiert. Sinnvoll ist es, diesen Vorgang zielorientiert

29 Vgl. Wieken, J.-H.: Der Weg zum Data-Warehouse. München 1999, S. 190

30 Vgl. ebenda S. 191 und Ordix AG (Hrsg.): ETL: Der schnelle Weg zum Data Warehouse. 2003 verfügbar unter: http://www.ordix.de/onews2/2_2003/siteengine/artikel/sundd_1.html, Stand 05.04.2005

je Feld des DWH zu beschreiben. Dies bedeutet, dass für jedes Feld des DWH ein (oder mehrere) Regeln beschrieben werden, wie diese Daten aus den operativen Daten gewonnen werden können.

Im einfachsten Fall wird dabei ein Feld direkt aus einem operativen Feld übernommen. Die Abbildung ist in diesem Fall die Identität. Andere Fälle beschreiben die Umsetzung eines Codes in ein sprechendes Feld. So kann beispielsweise im DWH das Feld ‚Anrede' definiert sein. Dieses Feld soll für einfache Auswertbarkeit die Werte ‚Herr', ‚Frau' und ‚Firma' enthalten dürfen. In operativen Systemen wird das Geschlecht dagegen häufig codiert. So könnte eine Transformationsregel für das Feld ‚Anrede' aus dem operativen Feld ‚Kunde.Anrede' lauten:

Wenn Kunde.Anrede = 0

Dann ‚Herr'

Sonst, Wenn Kunde.Anrede = 1

Dann ‚Frau'

Sonst ‚Firma'[31]

In diesem Fall wird ein Feld des DWH aus einem Feld eines operativen Systems berechnet. Dies ist ein Beispiel für Transformationsregeln, wie sie für die Funktion Transformation auf Einzelfeldebene benötigt werden. In der Praxis werden die Felder des DWH nicht auf Einzelfeldebene, sondern zumeist tabellenweise geschrieben. Somit muss davon ausgegangen werden, dass zum Laden des DWH je Tabelle mindestens ein Satz von Regeln existiert, der die Erstellung der in der Tabelle zu ladenden Datensätze beschreibt.

Die o.g. Transformationsregel lässt sich der Gruppe der Wertumsetzungsregeln zuordnen. Neben dieser Gruppe gibt es eine Reihe weiterer Aufgaben für die Transformation, die durch die Gruppierung zu kompletten Sätzen leichter realisiert werden können. Diese lassen sich im wesentlichen den folgenden Gruppen zuordnen:[32]

- ➢ Wertumsetzung
- ➢ Schlüsselbereinigung
- ➢ Schlüsselvergabe
- ➢ Fremdschlüsselkonsistenz
- ➢ Zeitstempelvergabe
- ➢ Datentypumsetzung

---

31 Vgl. Wieken, J.-H.: Der Weg zum Data-Warehouse. München 1999, S. 193
32 Aus Gründen der Komplexität nenne ich diese Gruppen nur beim Namen und gehe nicht weiter auf die Inhalte ein. Bei weiterem Interesse kann dies nachgelesen werden in: Wieken, J.-H.: Der Weg zum Data-Warehouse. München 1999, S. 196f.

> Datenverdichtung

> Datenbereinigung[33]

Die Transformationsfunktion stellt so etwas wie den Kern der Datenübernahme aus den operativen Systemen in das DWH dar. Ihr Ergebnis sind Datensätze, die dem Format der DWH-Strukturen entsprechen, die aber noch in das DWH zu laden sind.

Laden:

Das Laden der Daten beinhaltet das Einlesen der transformierten Datensätze in die DWH-Datenbank, unmittelbar oder aus der staging area. Dabei wird davon ausgegangen, dass die Struktur der einzelnen Datensätze jeweils komplett der Struktur der Zieltabelle im DWH entspricht und die Daten im allgemeinen auch als komplette Datensätze in das DWH geladen werden. „Eine weit verbreitete und sehr performante Möglichkeit hierzu stellt die Nutzung der datenbankspezifischen Loaderprogramme dar."[34] Die transformierten Datensätze stehen in Form sequentieller Dateien bereit und werden am Stück in die entsprechenden Datenbanktabellen geladen.

Abschließend soll folgende Grafik den ETL-Prozess nochmals anschaulich verdeutlichen und den Datenfluss aufzeigen.

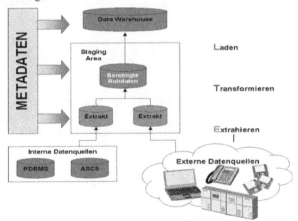

Abbildung 2: ETL-Prozess[35]

---

[33] Vgl. Wieken, J.-H.: Der Weg zum Data-Warehouse. München 1999, S. 196f.

[34] ebenda, S. 197

[35] Ordix AG (Hrsg.): ETL: Der schnelle Weg zum Data Warehouse. 2003 verfügbar unter: http://www.ordix.de/onews2/2_2003/siteengine/artikel/sundd_1.html, Stand 05.04.2005

Wie in der Grafik aufgezeigt und oben bereits erwähnt, steht der ETL-Prozess im starken Zusammenhang mit dem Metadatenmanagement und –verwaltung. Auf dieses werde ich im Folgenden genauer eingehen.

3.3. Metadaten (-management)

Metadaten sind Daten über Daten. Sie sind in der Informatik außerhalb des Bereichs DWH seit langem bekannt. „Typische Beispiele sind die Beschreibung von Datenstrukturen, Data Dictionary, Redokumentation und Migration oder die Dokumentation eines Verfahrensmodells."[36] Metadaten legen die Struktur eines Systems in einem Modell ab. Damit erlauben sie es, Informationen über Zusammenhänge innerhalb eines komplexen Systems gezielt zu strukturieren und auszuwerten. Die klassischen Vorteile von Metadaten sind:

➢ Dokumentation

- Strukturierte und redundanzfreie Dokumentation

- Auswirkungsanalyse für Wartung und Weiterentwicklung

➢ Steuerung

- Flexible Anpassung von Systemen

- Zentrale Versorgung verschiedener Systeme mit Änderungsinformationen.[37]

Gerade die Schnelligkeit der DWH-Entwicklung und die oft komplexe Werkzeuginfrastruktur machen eine strukturierte Dokumentation der Ergebnisse extrem wichtig. Schließlich ist eines der zentralen Probleme der Entwicklung das schnelle Veralten der Dokumentation, die in frühen Phasen erstellt wird.

Metadaten bilden damit die Grundlage dafür, komplexe Systeme verstehen und warten bzw. weiterentwickeln zu können. Stellen Sie sich vor, Datenfelder in den operativen Datenbanken werden geändert. Es muss nachvollziehbar sein, welche Data Warehouse-Datenfelder davon betroffen sind. Auch die oben beschriebenen Transformationsregeln sind als Metadaten abgelegt und stehen so den ETL-Werkzeugen zur Verfügung. Neben diesen datenverarbeitungstechnischen Metadaten für die Administration der DWH-Umgebung treten fachliche Metadaten, die unmittelbar den Anwender betreffen. Die Metadaten sind wesentliches Hilfsmittel für den Benutzer, das System verstehen und zielgerichtet nutzen zu

---

[36] Wieken, J.-H.: Der Weg zum Data-Warehouse. München 1999, S. 205
[37] Vgl. ebenda, S. 206

können. Beispiele hierfür sind Informationen über existierende Standardberichte/Berichtsvorlagen, fachliche Berechnungsvorschriften und Begriffslexika. Die Metadaten können in einer separaten Datenbank abgelegt sein oder in der gleichen Datenbank abgelegt werden wie die entscheidungsrelevanten Daten.

Das Metadatenmanagement stellt somit einen eigenen übergreifenden Prozess dar, der die Informationen über die in der DWH-Umgebung vorhandenen Daten und deren Querbeziehungen untereinander verwaltet. Innerhalb des Metadatenmanagements gibt es sozusagen auf der Metaebene noch einmal die Prozesse Nutzung, Betrieb, Entwicklung, und Management, nur jeweils bezogen auf die Metadaten statt auf die eigentlichen Nutzdaten das Data Warehouse.

3.4. Entwicklung/Weiterentwicklung

Als nächster wichtiger Prozess ist die Entwicklung/Weiterentwicklung des DWH zu nennen. Während der Betrieb die produktive Nutzung des definierten Informations- und Funktionsumfangs sicherstellt, beschreibt dieser Prozess die Erweiterung und Veränderung dieses Umfangs. So ist die Einbeziehung weiterer Felder oder Strukturen, neuer Datenquellen oder anderer Benutzergruppen im Normalfall mit der Weiterentwicklung der DWH-Umgebung verbunden. Die erstmalige Entwicklung, also das erste Release des DWH oder eines Data-Marts, stellt in diesem Sinn nur einen Spezialfall der Weiterentwicklung dar.[38]

Data-Marts:
Bei der Weiterentwicklung ist der häufigste Fall die Weiterentwicklung von Data-Marts[39] durch neue Standardreports, berechnete Felder oder Analyseverfahren. Hierbei handelt es sich grundsätzlich um die Weiterentwicklung für bestimmte Benutzergruppen, also um lokale Weiterentwicklungen. Um komplexe und umfangreiche DWHs bzw. Datenbestände überhaupt ‚zugreifbar' zu halten, werden in der Praxis sogenannte (Data-) Marts, d.h. abteilungs- bzw. anwenderspezifische Teilmengen ausgegliedert und bereitgehalten. Der Nutzen besteht vor allem in der Vielfalt der möglichen Auswertungen, bedingt aber auch eine strukturierte und zielorientierte Datenerfassung.

Ein Data-Mart ist ein Auszug (ganze oder teilweise Kopie) aus einem DWH für einen bestimmten Organisationsbereich oder eine bestimmte Anwendung. Gründe für das Arbeiten

---

38 Vgl. Wieken, J.-H.: Der Weg zum Data-Warehouse. München 1999, S. 31f.
39 Das Kernstück des Designs eines Data-Mart ist das Datenmodell. Auf Datenmodelle und deren Modellierung werde ich nicht explizit eingehen.

mit Kopien aus dem DWH anstelle des direkten Zugriffs auf die Daten im DWH anhand von Sichten (Views) können sein:

> Eigenständigkeit der Anwender (z.b. Mobilität, Unabhängigkeit von anderen Organisationsbereichen)

> spezielle Datenstrukturen, z. B. für die mehrdimensionale Analyse, das so genannte Online Analytical Processing (OLAP)

> bessere Leistung (Performanz): Verlagerung von Rechnerleistung auf einen anderen Rechner und/oder Verlagerung von Zugriffen auf einen anderen Speicher und/oder im Falle von lokaler Nutzung weniger Netzbelastung

> mehr oder auch weniger Zugriffsschutz: Abgrenzung gegenüber anderen Nutzern oder Öffnung für weitere Nutzer.[40]

Durch den Einsatz von Data-Marts kann auf das jeweilige Anwendungsgebiet (inhaltlich), das Zielsystem (technisch) und die Anwender (organisatorisch) weitgehend Rücksicht genommen werden.

3.5. Management

Schließlich ist der Prozess des Managements der DWH-Umgebung zu erwähnen. Dabei geht es um die Festlegung der Verantwortlichkeiten der einzelnen Prozesse und um die Steuerung und Kontrolle der Umgebung bzw. einzelner Data-Marts.

---

[40] Vgl. Wikipedia (Hrsg.): Die freie Enzyklopädie. Definition data mart. 2005 verfügbar unter: http://de.wikipedia.org/wiki/Data_Mart, Stand 05.04.2005

4. Das SAP Business Information Warehouse (BW)

Beim SAP BW handelt es sich um ein DWH-System, das Funktionen zum Datenmanagement (Data Manager), zur Behandlung von Abfragen (OLAP-Prozessor) und zur Definition, Steuerung und Überwachung von Datenflüssen (Staging Engine) bereitstellt. Die Definition dieser Funktionen wird in einem eigenen Metadaten-Repository abgelegt, so dass eine zentrale Verwaltung der entsprechenden Funktionen möglich ist. Einstiegspunkt für alle Entwicklungen im BW ist das Easy-Access-Menü, welches unmittelbar nach der Anmeldung an der Client-Software des BW-Systems aufgerufen wird. Der zentrale Dreh- und Angelpunkt des BW ist die Administrator Workbench (AWB), die aus dem Easy-Access-Menü (alternativ durch die Transaktion RSA1) zu erreichen ist. In der Administrator Workbench werden Metadaten definiert, Prozesse gesteuert, das Monitoring des BW im Regelbetrieb durchgeführt und vieles mehr.

Ebenso wie die meisten anderen DWH-Systeme bietet das BW eine Reihe allgemeiner OLAP-Tools, die unter der Bezeichnung Business Explorer (BEx) zusammengefasst werden. Dazu gehören:

> ➢ Der BEx-Browser, der ein Reporting-Menü (ähnlich einem Portal) darstellt, von dem aus Endanwender Analysen der anderen Business-Explorer-Tools aufrufen können (da diese Tools auch direkt aufgerufen werden können, ist der Einsatz des BEx-Browser optional).

> ➢ Der BEx-Analyzer (ein Add-In für MS Excel), mit dessen Hilfe Abfragen (Queries) angelegt, gepflegt und interaktiv ausgeführt werden können.

> ➢ Das formatierte Reporting, mit dessen Hilfe – basierend auf den im BEx-Analyzer definierten Queries – formatierte Drucklayouts erstellt werden können. Hinter dem formatierten Reporting stehen die Crystal Reports von Crystal Decisions, die ab Version 3 des BW integriert wurden.

> ➢ Der Web Application Designer, mit dessen Hilfe Queries und HTML-Dokumente für die Veröffentlichung im Intranet oder Internet erstellt werden können.[41]

Neben den Tools des Business Explorer besteht auch die Möglichkeit, die Decision Support Systeme (DSS-Tools) von Drittherstellern an das BW anzuschließen, um spezielle Reportinglösungen dieser Anbieter nutzen zu können. Im weiteren Sinn sind auch die SAP-Produkte SEM, SCM, CRM und APO als DSS für das BW aufzuführen. Bei diesen Produkten

---

[41] Vgl. DPunkt (Hrsg.): Einführung DWH. S. 1f. verfügbar unter: http://www.dpunkt.de/leseproben/3-89864-293-3/Kapitel_1.pdf

handelt es sich um eigenständige Systeme und nicht um reine DSS-Tools. Jedoch basieren diese Produkte ebenfalls auf einem BW, das für die speziellen Aufgaben der Produkte angepasst ist, so dass sie gewissermaßen als DSS angesehen werden können, die sehr stark an das BW gebunden sind. [42]

Abbildung 3: Architektur des SAP Business Information Warehouse[43]

Zusehen ist, dass es viele Überschneidungen mit der Referenzarchitektur aus Kapitel 3 gibt.

[42] Vgl. DPunkt (Hrsg.): Einführung DWH. S. 1f. verfügbar unter: http://www.dpunkt.de/leseproben/3-89864-293-3/Kapitel_1.pdf

[43] SAP AG (Hrsg.): Architektur des SAP BW verfügbar unter: http://www.sap.de

5. Schlusswort/Ausblick und Gründe für ein Data Warehouse

Bei der Implementierung einer Data Warehouse-Lösung ist zu beachten, dass die für die Unternehmensführung notwendigen Informationen aus den verschiedenen betrieblichen Bereichen (z.b. Produktion, Vertrieb) oder organisationsexternen Quellen wie z.b. Nachrichten- oder Online-Diensten stammen. Auf dieser operativen Ebene, können alltägliche Daten gespeichert und aktualisiert werden, d.h. neben dem ‚Nur-Lesezugriff' besteht auch die Möglichkeit, die Daten zu verändern. Entsprechend dem Data Warehouse-Grundgedanken sind diese Informationen zunächst zusammenzufügen und umzuformen, bevor sie transformiert, und schließlich im ‚Datenwarenhaus' gesammelt und aufbereitet werden. Die Regale sind nach Themengebieten geordnet, das Warenangebot ist kundenorientiert. In sogenannten Data Marts werden speziellen Nutzergruppen, z.B. Außendienstlern, Daten zur Verfügung gestellt. Diese Daten sind konsistent mit den Daten im Data Warehouse und zusätzlich ist noch ein schreibender Zugriff darauf möglich.

Auf der Decision Support-Ebene können dann mit Hilfe von Data Mining und OLAP die Daten analysiert und ausgewertet werden.

In einem Unternehmen spricht vieles dafür, sich ein Data Warehouse einzurichten. Die Menge der vorhandenen Daten ist groß, aber der Nutzen, dem man daraus zieht, ist meist noch sehr klein. Es kostet heute unter Umständen mehr, die in den verschiedenen Systemen gehaltenen Daten zu warten und zu pflegen, als man durch Analyse dieser Daten an Nutzen gewinnt.

Darin steckt die erste treibende Kraft, ein Data Warehouse aufzubauen. Data Warehousing sammelt alle Unternehmensdaten und stellt sie in einem fachlich orientierten Behälter allen zur Verfügung, die an den Unternehmensprozessen beteiligt sind.

Die Zahl der Mitarbeiter, die Entscheidungen zu treffen haben, ist heute wesentlich gewachsen gegenüber dem Nutzerkreis der frühen Führungsinformationssysteme. Das ist der zweite Grund ein Data Warehouse aufzubauen.

Ein dritter Grund ist das direkte Ansprechen des Kunden durch die neuen Medien wie z.B. Internet. Die Menge an elektronischem Kundenkontakt übersteigt in Qualität und Quantität alles, was bisher an Daten in internen Quellen vorhanden ist.

Was in den zuvor genannten Kapiteln beschrieben wurde, war meist die technische Lösung zur Umsetzung eines Data Warehouses.

"Der wahre Nutzen eines Data Warehouse liegt in den Entscheidungen, die es ermöglicht."[44]

---

[44]   Siemens (Hrsg.): Ihre Vorteile. Data-Mart. 2003 verfügbar unter: http://www.data-mart.de/Deutsch/ihre-vorteile.html, Stand 06.04.2005

Die großen Verbesserungspotentiale liegen heute in der Kenntnis der unternehmensweiten, ja sogar unternehmensübergreifenden Prozesse, in der laufenden Verbesserung der Organisation. Dazu benötigt man eine Messeinrichtung für die wichtigsten Unternehmenskennzahlen, die nicht nur das "Was", sondern auch das "Warum" liefern, also detailliert Auskunft geben über die Details, die die Kennzahl beeinflusst hat. Diese Leistung erbringen moderne Data Warehouse-Lösungen.

Die Ergebnisse einer eingeführten Data Warehouse-Lösung in einer Organisation sind:

> klar definierte Berichtswege und allgemein akzeptierte Kennzahlensysteme.

> Geschäftsrelevante Informationen stehen aktualisiert und konsolidiert zur Verfügung – bevor sie für eine aktuelle Entscheidungssituation benötigt werden.

> Mit flexiblen Analyseinstrumenten lassen sich auch neuartige Fragen beantworten – das dient dem Management von Kundenbeziehungen und unterstützt zum Beispiel den Call Center Operator bei der Reklamationsbearbeitung und den Produktmanager bei der Marktsegmentanalyse oder die Unternehmensleitung bei der Frage der Standortoptimierung.

> Ein unternehmensweit konsistenter Datenbestand ermöglicht die Realisierung moderner betriebswirtschaftlicher Konzepte – wie Balanced Scorecards oder anderer wertorientierter Managementkonzepte.

Weiter Vorteile ergeben sich durch:

> Unterstützung aller Entscheidungsebenen des Unternehmens mit den richtigen Informationen,

> schnelle, flexible sowie einfach zu handhabende Analysen,

> Transparenz im Unternehmen – Probleme können frühzeitig erkannt, Entscheidungen schnell und qualifiziert getroffen werden,

> rasche und kompetente Entscheidungen auf Basis durchgängig akzeptierter Fakten,

> reduzierten Pflegeaufwand und Kosteneinsparung durch optimierte IT-Architektur,

sowie:

> rascher Return on Investment durch gemeinsam definierte und überschaubar kurze Projektabschnitte mit klaren Nutzenvorteilen.

Informationen werden immer wichtiger. Wissensgebundene Dienstleistungen - also etwa Forschung, Entwicklung, Design, Marketing, Logistik und Support - entscheiden zunehmend

über den Erfolg von Unternehmen. Dabei erfordern immer schnellere Märkte entsprechende (Re-) Aktionszeiten. Informiertere und kritischere Kunden erfordern ein flexibleres Angebot, das besser auf deren individuelle Bedürfnisse zugeschnitten ist. Um in diesem Umfeld richtige Entscheidungen treffen zu können, benötigen die Verantwortlichen aussagekräftige Fakten. Doch der Zugriff auf den vorhandenen Datenbestand scheitert an mehreren Problemen. So gibt es für veraltete Systeme häufig keine komfortablen Abfragewerkzeuge. Um einen Report zu erzeugen, muss ein Programmierer auf einem Mainframe ein bis zwei Wochen arbeiten.

Für modernere SQL-Datenbanken gibt es zwar komfortablere Query-Werkzeuge, mit der auch Endanwender relativ schnell und einfach Ad-hoc-Anfragen stellen können. Doch oft stellen auch diese keine Hilfe dar. Die operativen Systeme werden typischerweise so stark ausgelastet, dass einfach keine Ressourcen frei sind, um die für die Analyse notwendigen, aufwendigen Reports zu generieren.

Außerdem erweist es sich als unüberwindbare Hürde, dass die EDV-Infrastruktur von Unternehmen chaotisch gewachsen ist und sich auf die verschiedensten Betriebssysteme und Anwendungen verstreut. So fehlen Werkzeuge, um Abfragen über verteilte Datenquellen unterschiedlichen Typs (hierarchische, relationale, Notes-Datenbanken, externe Datenquellen etc.) zu erstellen und die Ergebnisse zu integrieren.

Letztendlich mangelte es auf der Anwenderseite an `intelligenten´ Analysewerkzeugen, um aus den Rohdaten entscheidungsrelevante Informationen zu generieren. Die Problemstellungen in den Unternehmen erfordern häufig Methoden, die über diejenigen gängiger führungsinformations- (Executive Information Systems, EIS) und entscheidungsunterstützender Systeme (Decision Support System, DSS) hinausgehen.

6. Literatur- und Quellenverzeichnis

DPunkt (Hrsg.): Einführung DWH. Verfügbar unter: http://www.dpunkt.de

Höhn, Reinhard: Der Data Warehouse Spezialist. Entwurf, Methoden und Umsetzung eines Data Warehouses. München 2000

Microsoft (Hrsg.): Windows Server System. OLTP & OLAP - was ist es? verfügbar unter: http://www.microsoft.com

Muksch, H./ Behme, W. (Hrsg.): Das Data Warehouse-Konzept. Architektur – Datenmodelle – Anwendungen. 4. Auflage. Wiesbaden 2000

Ordix AG (Hrsg.): ETL: Der schnelle Weg zum Data Warehouse. 2003 verfügbar unter: http://www.ordix.de

SAP AG (Hrsg.): Architektur des SAP BW. Verfügbar unter: http://www.sap.de

Sattler, Kai-Uwe, Conrad, Steffan: Vorlesung Data-Warehouse-Technologien. 2005 verfügbar unter: http://wwwiti.cs.uni-magdeburg.de/iti_db/lehre/dw/dw02.pdf

Schmidt-Thieme, Lars: Datenbanken / Data Warehousing. 2005 verfügbar unter: http://www.informatik.uni-freiburg.de/cgnm/lehre/eb-03s/eb9.pdf

Siemens (Hrsg.): Ihre Vorteile. Data-Mart. 2003 verfügbar unter: http://www.data-mart.de

Wieken, J.-H.: Der Weg zum Data-Warehouse. München 1999

Wikipedia (Hrsg.): Die freie Enzyklopädie. Data Warehouse. 2005 verfügbar unter: http://de.wikipedia.org

7. Erklärung zur Haus-/Diplomarbeit gemäß § 26 Abs. 6 DiplPrüfO

Hiermit erkläre ich, dass ich die vorliegende Arbeit selbständig und ohne Benutzung anderer als die angegebenen Quellen und Hilfsmittel angefertigt habe.

Alle Stellen, die wörtlich oder sinngemäß aus fremden Quellen übernommen wurden, sind als solche kenntlich gemacht.

Die Arbeit hat in gleicher oder ähnlicher Form noch keiner anderen Prüfungsbehörde vorgelegen.

Hildesheim, 15.04.2005

Ort, Datum   Unterschrift: